Inhalt

Kreditportfoliomanagement - warum gerade der Sparkassensektor vormacht, wie es geht

Kernthesen

Beitrag

Fallbeispiele

Zahlen und Fakten

Weiterführende Literatur

Impressum

Kreditportfoliomanagement - warum gerade der Sparkassensektor vormacht, wie es geht

Autor GENIOS BranchenWissen: G.Dengl

Kernthesen

- Kreditportfoliomanagement ist die bewusste Entscheidung einer Bank, bestimmte Kreditrisiken im eigenen Portfolio zu belassen und andere zu verkaufen. Aufgrund des stärker werdenden Margendrucks werden immer mehr Banken gezwungen sein, ihre Kreditportfolien kritisch auf deren Risiko-Rendite-Profil zu prüfen.
- Die Hauptinstrumente für das Kreditportfoliomanagement sind

Verbriefungen und Derivate. Der große Erfolg dieser Instrumente ist auf ihre Flexibilität zurückzuführen.
- Vor allem der Sparkassensektor macht in Deutschland vor, wie Kreditportfoliomanagement in der Praxis aussehen kann. Die Landesbanken nehmen dabei die Schlüsselrolle des Vermittlers ein.

Beitrag

Banken müssen ihre Kreditportfolien überprüfen und entscheiden, welche Kreditrisiken sie weiterhin selbst tragen wollen und welche sie abgeben müssen. Landesbanken und Sparkassen zeigen, was in dieser Hinsicht derzeit am deutschen Markt bereits möglich ist.

Ausgangslage

Steigender Wettbewerbsdruck, abnehmende Kreditmargen und nicht zuletzt der "Shareholder Value"-Gedanke zwingen die Banken, höhere Eigenkapitalrenditen zu erzielen, um den Bedürfnissen der Anleger zu entsprechen. Ein wesentlicher Ansatzpunkt ist die effiziente Bewirtschaftung der Aktiva, d.h. der

Kundenforderungen, unter Risiko-/Ertrags-Gesichtspunkten durch eine Erweiterung des klassischen "Buy-and-Hold"-Ansatzes um Maßnahmen zur Handelbarkeit von Kreditrisiken mit der Philosophie "Buy, Manage and Sell". (2)
Die Kreditportfolien kleinerer deutscher Banken, insbesondere der Sparkassen, sind in der Regel gekennzeichnet von hohen Konzentrationen der Kreditrisiken bei einzelnen Schuldnern, so genannte Klumpenrisiken. Darüber hinaus werden die Erlösstrukturen derzeit bei Weitem nicht auf so detaillierter Ebene gemessen, wie es nötig wäre, um Entscheidungen treffen zu können, die das Gesamtrisiko des Portfolios verringern und somit die Risiko-Ertrags-Situation aus dem Kreditgeschäft verbessern. (1), (7)

Instrumente des Kreditportfoliomanagements:

- Verbriefungen
Ein Pool von Kreditforderungen wird an eine Zweckgesellschaft (Special Purpose Vehicle) übertragen, die daraus ein forderungsbesichertes Wertpapier macht und so die Forderung am Markt handelbar macht. In der Regel wird der Pool vorher in Tranchen verschieden hoher Bonität eingeteilt. Über

die Entscheidung welche dieser Tranchen an den Markt gegeben wird und welche im eigenen Portfolio bleiben, kann die Bank das Risiko in ihrem Kreditportfolio steuern. Verbriefungen [Abb.2] sind für größere Portfolien auf nationaler und auch internationaler Ebene sehr populär. (3), (9)

- Kreditderivate (Credit Default Swaps, CDS)

Eines der verbreitetsten Instrumente für eine diskrete und kostengünstige Portfoliosteuerung ist das Kreditderivat. Dieser Vertrag zwischen Absicherungskäufer und -verkäufer spaltet das Kreditrisiko von der Forderung ab, und überträgt es an den Vertragspartner. Das Eigentum des zugrunde liegenden Kredits verbleibt dabei bei der Bank. Diese zahlt, quasi als Versicherungsprämie, eine jährliche Gebühr an den Verkäufer des Derivates. Dafür kann sie bei Ausfall des Kreditrisikos die (dann stark wertgeminderte) Forderung zum Nominalwert an den Sicherungsgeber verkaufen.

Kreditportfoliomanagement gefährdet nicht die Kundenbeziehung

Im Gegensatz zur Forderungsabtretung, wie beispielsweise beim Factoring, besteht der besondere Vorteil des Kreditportfoliomanagements darin, dass der Kunde vom Einsatz kreditrisikomindernder Instrumente in der Regel nichts erfährt. Dies stellt eine elegante Befreiung aus dem Dilemma Kundenorientierung versus Sicherheitsdenken auf Seiten der Bank dar. Eine einmal getroffene Kreditentscheidung ist somit nicht mehr bindend für die gesamte Laufzeit, da aus strategischen Gründen jedes Kreditengagement ohne Schaden für die Kundenbeziehung wieder aufgelöst werden kann.

Ursachen für Maßnahmen zum Kreditportfoliomanagement

Unter Einsatz von Kreditderivaten und strukturierten Verbriefungen kann ein Portfoliomanager bei Bedarf jedes Portfolio sehr schnell umstrukturieren. Eine unerwünschte Risikokonzentration kann umgehend durch den Kauf entsprechender Kreditderivate abgebaut werden.
Oft gibt eine veränderte Markteinschätzung Anlass zur Umstrukturierung eines Kreditportfolios, z. B eine veränderte Risikowahrnehmung:
- gegenüber einer Branche, aufgrund von Sammelklagen (oft hiervon betroffen: Tabak- und Arzneimittelhersteller)
- gegenüber bestimmten Regionen oder Ländern, aufgrund politischer Entwicklungen (Putsch, Krieg)
In anderen Fällen enthält das über Jahre und

Jahrzehnte aufgebaute Kreditportfolio strukturelle Schwächen, z.B. bei den Sparkassen auf Grund des Regionalbezugs. (11)

Kreditpooling als Möglichkeit zur Auflösung von Klumpenrisiken

Der Sparkassensektor zeigt mit seinem Konzept zum Kreditpooling, dort genannt "Basket-Transaktion" oder "Spark", eine Möglichkeit auf, wie die Konzentrationsrisiken in den Kreditportfolien vieler kleinerer Sparkassen reduziert werden können. Die Kreditportfolien der einzelnen Sparkassen sind meist von Klumpenrisiken gekennzeichnet, da der Geschäftsbereich regional begrenzt ist. Um sich aus diesem Risiko zu befreien vereinen mehrere Sparkassen ihre Kreditportfolien zu einem größeren Pool und Erwerben anschließend einen Anteil an diesem Pool. Das Eigentum an einer einzelnen Forderung geht somit auf den Pool über, der meist über eine Zweckgesellschaft verwaltet wird. Fallen Forderungen aus, ist auch zunächst der Pool betroffen. In einem zweiten Schritt sind alle beteiligten Sparkassen betroffen und nicht nur diejenige, die das Kreditengagement in den Pool geholt hat. So ist das Risiko viel besser verteilt und viel leichter tragbar. (4), (6)

Landesbanken machen Kreditportfoliomanagement für Sparkassen möglich

Nach dem Wegfall von Staatsgarantie und Gewährträgerhaftung befinden sich die Landesbanken auf der Suche nach einer neuen Identität innerhalb und außerhalb des Sparkassenverbundes. Mit der Bereitstellung von Kreditportfoliomanagement-Plattformen könnten sie eine sehr lukrative und glaubwürdige Rolle gefunden haben, deren Erfolgsaussichten nicht zuletzt darin bestehet, dass sie auf diese Weise das Potenzial des gesamten S-Finanzverbundes heben können. Es wundert deshalb kaum, dass die wesentlichen Entwicklungen hin zum systematischen Kreditportfoliomanagement derzeit aus dem Sparkassensektor kommen (siehe hierzu Cases). (10)

Fallbeispiele

Dritte Basket-Transaktion von BayernLB und Helaba

Die bayrische und die hessische Landesbank haben einen überregionalen Kreditpool gebildet (Inhaber ist eine eigens dafür gegründete Zweckgesellschaft), der es Sparkassen aus Bayern, Hessen-Thüringen, Schleswig-Holstein und dem Saarland ermöglicht, die regionale Konzentration in ihren Kreditportfolien zu verringern. Der so entstandene Pool wurde als Credit Linked Note (CLN) verbrieft, und die Sparkassen kauften über dieses Instrument einen bestimmten Anteil am Pool zurück. Durch diese Maßnahme, der bereits zwei erfolgreiche Transaktionen vorausgingen, wird es möglich, den regionalen Wissensvorsprung der einzelnen Sparkassen bei der Kreditvergabe mit einer Diversifizierung im Portfolio zu verbinden, die sonst für kleinere Kreditinstitute einfach nicht darstellbar ist. (8)

Nord/LB bietet flexible Struktur ohne Zweckgesellschaft an

Insbesondere für den Handel mit Kreditrisiken aus dem Mittelstandsgeschäft soll das neue Produkt S-

Port eine Plattform darstellen. Ohne eine Zweckgesellschaft zu benötigen, übernimmt die Nord/LB zunächst das Kreditrisiko einer bestimmten Forderung in dem sie einer sicherheitssuchenden Sparkasse ein Kreditderivat verkauft. Diese Forderung bietet die Nord/LB schließlich anderen Sparkassen zum Kauf an (die Abwicklung erfolgt dann ebenfalls in Form eines Kreditderivats). Findet sich kein Käufer, dann behält die Nord/LB das Risiko. Diese sehr flexible Möglichkeit der Sparkassen ihr Portfolio zu diversifizieren ist vor allem deshalb so erfolgreich, weil keinerlei Verpflichtung besteht, im Gegenzug selbst einen bestimmten Anteil an einem Kreditpool zu erwerben. (5)

Zahlen & Fakten

Anzahl der Verbriefungen in Deutschland seit 2001

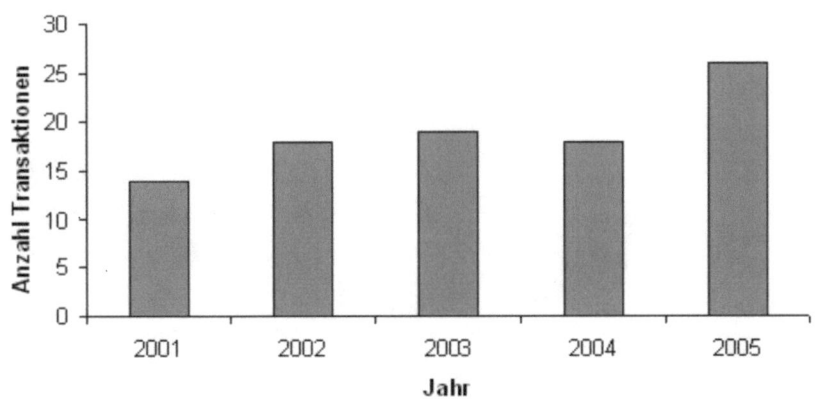

Quelle: 2005 Review 2006 Outlook - German/Austrian/Swiss Structured Finance, Moodys Special Report, International Structured Finance, 12. Januar 2006

Entnommen aus: Kreditanstalt für Wiederaufbau (http://www.kfw.de)

Wichtigste Assetklassen für Verbriefungstransaktionen in Deutschland 2005

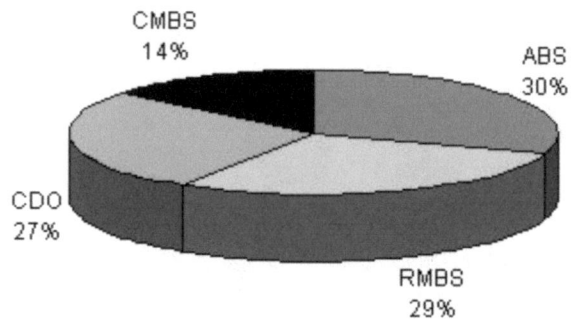

Quelle: 2005 Review 2006 Outlook -
German/Austrian/Swiss Structured Finance, Moodys Special Report, International Structured Finance, 12. Januar 2006

Entnommen aus: Kreditanstalt für Wiederaufbau (http://www.kfw.de)

Abkürzungen:

- ABS i.e.S. (Asset Backed Securities): verbriefte Pensionsansprüche, Leasingforderungen und Forderungen aus Automobilkrediten

- RMBS (Residential Mortgage Backed Securities):

verbriefte Wohnungsbaudarlehen

- CMBS (Commercial Mortgage Backed Securities): verbriefte gewerbliche Immobilienkredite

- CDOs (Collateralized Debt Obligations): verbriefte Mittelstandskreditportfolien

Weiterführende Literatur

(1) Höheres Renditeziel bei unverändertem Risikoprofil umsetzbar Anlagerichtlinien von bestehenden aktiven Portfoliomanagement-Mandaten müssen dazu gründlich überprüft werden
aus Börsen-Zeitung, 18.03.2006, Nummer 55, Seite B14

(2) Das einheitliche Transaktionsmodell "Basket-Programm" "Gruppen-Effekt" steuert das eigene Kreditrisiko
aus Die SparkassenZeitung, 28.04.2006, Nr. 17, S. 16

(3) Covered Bonds der CDP sind der sichere Hafen in Italien Gespräch mit dem italienischen Staatsfinanzierer Cassa Depositi e Prestiti - Hohe Akzeptanz in Europa - Maßgeschneiderte Finanzierungen für kleinere Adressen
aus Börsen-Zeitung, 27.04.2006, Nummer 81, Seite 19

(4) Kreditpoolingaktivitäten der Landesbank Baden-

Württemberg Schlanke und ressourcenschonende Abwicklung
aus Die SparkassenZeitung, 28.04.2006, Nr. 17, S. 18

(5) Neues Instrument S-Port erhöht Liquidität beim Handel von mittelständischen Kreditrisiken Flexibilität zeichnet Kreditrisikohandel der Nord/LB aus
aus Die SparkassenZeitung, 28.04.2006, Nr. 17, S. 17

(6) INTERVIEW Sparkassen entlasten ihr ökonomisches Eigenkapital
aus Die SparkassenZeitung, 28.04.2006, Nr. 17, S. 15

(7) Studie von Roland Berger Strategy Consultants: Kapitalkosten als strategisches Entscheidungskriterium
aus news aktuell, 2006-03-14

(8) Die Credit-Linked-Note-Struktur der dritten Basket-Transaktion von BayernLB und Helaba Regionale Verankerung fürs Portfoliomanagement nutzen
aus Die SparkassenZeitung, 28.04.2006, Nr. 17, S. 17

(9) Der Handel mit Krediten boomt
aus Handelsblatt Nr. 070 vom 07.04.06 Seite 30

(10) Sparkassen und Landesbanken: die Zusammenarbeit wird enger
aus Bank und Markt 04 vom 01.04.2006 Seite 027

(11) Management von Adressenrisiken Eine

Gefahrenquelle unter Kontrolle haben
aus Die SparkassenZeitung, 28.04.2006, Nr. 17, S. 15

Impressum

Kreditportfoliomanagement - warum gerade der Sparkassensektor vormacht, wie es geht

Bibliografische Information der deutschen Nationalbibliothek

Die Deutsche Nationalbibliothek verzeichnet diese Publikation in der deutschen Nationalbibliografie; detaillierte bibliografische Daten sind im Internet über http://dnb.d-nb.de abrufbar.

ISBN: 978-3-7379-2052-0

© 2015 GBI-Genios Deutsche Wirtschaftsdatenbank GmbH, Freischützstraße 96, 81927 München, www.genios.de

Alle Rechte vorbehalten. Dieses Werk ist einschließlich aller seiner Teile – z.B. Texte, Tabellen und Grafiken - urheberrechtlich geschützt. Jede Verwertung außerhalb der Grenzen des Urheberrechtsgesetzes bedarf der vorherigen Zustimmung des Verlags. Dies gilt insbesondere auch für auszugsweise Nachdrucke, fotomechanische Vervielfältigungen (Fotokopie/Mikroskopie), Übersetzungen, Auswertungen durch Datenbanken oder ähnliche Einrichtungen und die Einspeicherung und Verarbeitung in elektronischen Systemen.